BEI GRIN MACHT SICH IHR WISSEN BEZAHLT

- Wir veröffentlichen Ihre Hausarbeit, Bachelor- und Masterarbeit

- Ihr eigenes eBook und Buch - weltweit in allen wichtigen Shops

- Verdienen Sie an jedem Verkauf

Jetzt bei www.GRIN.com hochladen und kostenlos publizieren

Bibliografische Information der Deutschen Nationalbibliothek:

Die Deutsche Bibliothek verzeichnet diese Publikation in der Deutschen Nationalbibliografie; detaillierte bibliografische Daten sind im Internet über http://dnb.d-nb.de/ abrufbar.

Dieses Werk sowie alle darin enthaltenen einzelnen Beiträge und Abbildungen sind urheberrechtlich geschützt. Jede Verwertung, die nicht ausdrücklich vom Urheberrechtsschutz zugelassen ist, bedarf der vorherigen Zustimmung des Verlages. Das gilt insbesondere für Vervielfältigungen, Bearbeitungen, Übersetzungen, Mikroverfilmungen, Auswertungen durch Datenbanken und für die Einspeicherung und Verarbeitung in elektronische Systeme. Alle Rechte, auch die des auszugsweisen Nachdrucks, der fotomechanischen Wiedergabe (einschließlich Mikrokopie) sowie der Auswertung durch Datenbanken oder ähnliche Einrichtungen, vorbehalten.

Impressum:

Copyright © 2016 GRIN Verlag
Druck und Bindung: Books on Demand GmbH, Norderstedt Germany
ISBN: 9783668728455

Dieses Buch bei GRIN:

https://www.grin.com/document/428992

Janos Pletka

Herausforderungen der US-Amerikanisierung

GRIN Verlag

GRIN - Your knowledge has value

Der GRIN Verlag publiziert seit 1998 wissenschaftliche Arbeiten von Studenten, Hochschullehrern und anderen Akademikern als eBook und gedrucktes Buch. Die Verlagswebsite www.grin.com ist die ideale Plattform zur Veröffentlichung von Hausarbeiten, Abschlussarbeiten, wissenschaftlichen Aufsätzen, Dissertationen und Fachbüchern.

Besuchen Sie uns im Internet:

http://www.grin.com/

http://www.facebook.com/grincom

http://www.twitter.com/grin_com

Justus-Liebig-Universität Gießen
Fachbereich 03 – Sozial- und Kulturwissenschaften
Institut für Soziologie
Hollywood and European Film: Intercultural
Perspectives Modul M11
Sommersemester 2016

Herausforderungen der US-Amerikanisierung

Research Paper

Name: Janos Pletka

Studiengang und Fachsemester: B.A. Social Sciences
4. Fachsemester

Inhaltsverzeichnis

Einleitung und Fragestellung 3

Herausforderungen der US-Amerikanisierung 4

Fazit 7

Literaturverzeichnis 8

Abstract:

In diesem kurzen Forschungsbericht wird ein Einblick in die verschiedenen Dimensionen und Facetten der US-Amerikanisierung gegeben. Berücksichtigt wird dabei der Stand in der Forschung zur Amerikanisierung. Es kann jedoch nicht auf alle eingangs genannten sozialen Kontexte eingegangen werden, in denen US-Amerikanisierungsprozesse stehen. US-Amerikanisierung ist dabei kein statischer, sondern hochdynamischer und zeitlich theoretisch unbegrenzter Prozess, bei dem es zu einer Übertragung von US-amerikanischer Massenkultur und Abnahme an Diversität in den amerikanisierten Staaten kommt. Massenunterhaltung und Pop-Kultur führen zu neuen kulturellen Synthesen, die einen massenpopulären Charakter besitzen und traditionelle, nationale kulturelle Begebenheiten im Wettbewerb verdrängen. Gemeinsam ist jedoch eine Verschiebung zu Ungunsten des Individuums, das in seiner Souveränität eingeschränkt wird und bestimmte Verhaltensmuster aufgedrückt bekommt und sich der neuen Welt anpassen soll.

1. Einleitung und Fragestellung

Ob man es amerikanischer Kultur-Imperialismus, „Westernisierung" oder Amerikanisierung tauft: Es sind unterschiedliche Begrifflichkeiten, die aber einen gemeinsamen Kern teilen: Sie bedeuten eine Überschwemmung US- amerikanischer Waren und Leitbilder in alle anderen Teile dieser Erde.

Dabei kann der Terminus der Amerikanisierung aus verschiedenen Perspektiven beobachtet und analysiert werden:

Amerikanisierungsprozesse können aus *sozialgeschichtlicher, ökonomischer, politischer, kultureller, medialer oder auch linguistischer Perspektive* analysiert werden.

Hollywood-Filme, Fernsehserien oder Pop-Musik: Kein Kontinent der Erde ist so stark kulturell amerikanisiert wie Europa. Sozialwissenschaftliche Termini wie McDonaldisierung haben schon Eingang in die Forschung gefunden und verdeutlichen den Einfluss der USA als dominante Weltmacht in kultureller Spezifität. Damit geht der Begriff der Massenkultur einher, einer Kultur, vermittelt durch Konsum und Kommerzialisierung im Auftrag „Masse" zu generieren und zu versorgen. Im Seminar wurden verschiedene Aspekte der Massenkultur besprochen, dass es sich um ein System handelt, welches auf Unterhaltung und Massenpopularität basiert. Auch die Schaffung kollektiver Identitäten steht im Auftrag der Massenkultur. So schreibt Richard Pells: „American Mass Culture became dominant and captured the collective imagination of the born people in the postwar decades."

Dieses Forschungspapier setzt sich mit der Frage auseinander, welche *Herausforderungen eine Amerikanisierung auf kultureller Ebene mit sich bringt.* Welche Schwierigkeiten und Problematiken bereitet ein Amerikanisierungsprozess? Welchen Konsequenzen und kulturellen Auflösungen ist der Prozess einer Amerikanisierung verbunden?

Zur Erstellung dieses Forschungspapiers wurde eine intensive Recherche zum Thema der Amerikanisierung durchgeführt. Dabei fiel auf, dass die jeweiligen Referenzautoren mit unterschiedlichen Schwerpunkten bezüglich des Themas arbeiteten, manche legten sich mehr auf die geschichtliche Genese der US-Amerikanisierung fest, anderen wie Richard Pells geht es mehr um die Entschärfung der Angst um US-Amerikanisierungsprozesse in die Verquickung zwischen europäischen und amerikanischen Beziehungen auch aus historischer Sicht (Vgl. Pells 1997).

Andere Forscher*Innen wie Helke Rausch fragen mehr nach den kulturellen Aspekten einer US-Amerikanisierung in europäischer vergleichender Perspektive (Vgl. Rausch 2008). Gemeinsamer Fokus ist jedoch die Problematisierung bei der Übertragung US-amerikanischer Massenkultur auf europäische Nationen und die sich daraus ableitenden Strategien im Umgang mit den neuen Leitbildern und Werten.

2. Herausforderungen der US-Amerikanisierung

Was sind die Herausforderungen, die eine US-Amerikanisierung mit sich bringt?

„Not presence of American Mass Culture struck the European (they had been listening to American Music and Films since the 1920s) it was the pervasiveness of American Mass Culture in all social contexts". (Vgl. Pells 1997 – Mass Culture, The American Transmission)

1. Verbreitung und Verankerung

Die permanente und beinahe totale Durchdringung der deutschen Bevölkerung mit amerikanischen Werten und Verhaltensmustern stellt sich als die erste Problematik dar. Zwar betraf die Amerikanisierung Westdeutschlands in den Nachkriegsjahren nicht alle gleichermaßen, doch spricht Axel Schildt sogar von einer *Infiltrationsoffensive* (Vgl. Schildt 2002). Zahlreiche Institutionen waren nur damit beschäftigt, amerikanische Vorstellungen von der richtigen Lebensweise zu vermitteln. So wurden die Amerikahäuser zum wichtigsten Teil der Kulturoffensive bei der Vermittlung liberaler amerikanischer Kultur und der Bekämpfung von deutschnationalem Dünkel.

Die US-Amerikanisierung stand im Zeichen der *re-education*, einem poltischen Schlagwort, welches eine Verordnung von Demokratie und Liberalität, Entnazifizierung und Entmilitarisierung darstellte. Die Durchdringung und Infiltration stellt sich sozialgeschichtlich als Herausforderung dar, indem sie versucht, breite Schichten der Bevölkerung zu erreichen und ihr Gedankengut zu verbreiten. Eine Herausforderung ergibt sich für die Bevölkerung in dem Maße, amerikanische Werte überhaupt anzunehmen und die eigenen traditionellen dafür zurückzustellen. Auch die parlamentarische Demokratie wurde in Deutschland lange Zeit nach der Besatzung noch als oktroyiert empfunden und rechte Kräfte konnten in vielen Bundesländern auch nach Kriegsende noch walten und politischen Einfluss geltend machen.

Dabei wurde die Einstellung in der westdeutschen Bevölkerung stetig untersucht und ein Auge darauf geworfen, Tendenzen in extremistisches Gedankengut zu verhindern, jedoch im Zuge des kalten Krieges besonders auf die „kommunistische Gefahr".

2. Massenkultur und Hochkultur – Ein ungleiches Paar

Massenkultur und Amerikanisierung sind zwei Seiten einer Medaille: Die Überschwemmung Deutschlands mit amerikanischen Waren und Leitbildern zeugte von der technologischen Stärke der USA und ihrer zivilisatorischen Überlegenheit, kulturell war sie jedoch der deutschen Hochkultur unnahbar und wurde als „seelenlose, pure Erwerbsgesellschaft stigmatisiert"(Vgl. Schildt 2002).

Bei Reichspfarrer (2004) wird der Begriff der Hybridisierung eingeführt, was bedeutet, dass es immer zu einer Verknüpfung von globalen (US-amerikanischen), nationalen und traditionalen Identitätsmodellen kommt. Alle drei Ebenen stehen dabei in einem Wechselverhältnis. Es entwickeln sich Synthesen aus modernisierenden und traditionellen Kräften wie bei japanischer Pop-Musik oder chinesischem Rap. Es gibt vielfältige Versuche die verschiedenen Wesensarten der US-amerikanischen Lebensart mit traditionellen mehr nationalen Kontexten in Verbindung zu bringen: Bei Joseph Nye (2002) wird ebenso festgestellt, dass US-Kultur nicht einfach so andere Gesellschaften überschwemmt, sondern dass die traditionsreiche nationale Kultur die Rolle eines selektiven Filters spielt, der die fremden Einflüsse entsprechend anpasst. Die Hochkultur gibt dabei meist Anleihen ihrer „qualitativen Höherwertigkeit" ab zugunsten der amerikanischen Massenkultur und verzichtet auf einen Teil ihrer Privilegien. Unterstützt wird dies durch den einfachen und verständlichen Zugang für alle Konsumenten und zwar schichtübergreifend (Vgl. Schmidt/Wulschner 2003).

3. Abnahme an Diversität

Richard Pells fragt danach, warum es nicht lohnend ist, in einer Welt zu leben, die auf einer globalen Kultur basiert. In den Augen der Kritiker einer sich globalisierenden Kultur wird unvermeidlich alles gleich und identisch aussehen – von den Supermärkten, verkauften Waren, Städten und Flughäfen angefangen bis hin zum Menschen.

Alle konsumieren das gleiche und leben in derselben Lebenswelt. Die Globalisierung führt zu einer Abschaffung „Kultureller und psychologischer Unterscheidbarkeit", wie es ein britischer Autor formulierte (Vgl. Pells 1997: 329).

Die Abnahme an Diversität und Pluralismus führt zu Ängsten vor einem Traditions- und Souveränitätsverlust (Vgl. Reichspfarrer 2004). In Frankreich wurden Maßnahmen beschlossen, die die nationale Identität schützen sollen und privilegieren. 40% der in französischen Radios gespielten Musik muss laut Gesetz französische Musik sein. Es ist ein Versuch, sich gegen die Modernisierung der Kultur zu wehren durch die Anwendung protektiver Machtmaßnahmen.

Lasse ich als Nation Amerikanisierungsprozesse wie die Öffnung von McDonalds-Restaurants zu, gebe ich immer Handlungsspielräume und vormals traditionell besetzte Räume zugunsten des US-amerikanischen „Way of Life" ab. Man muss sich doch fragen: Wer in Deutschland interessiert sich heute noch für Trachtentänze, Dialekte oder über Jahrhunderte bewahrtes traditionelles Leben, wenn es nicht längst kommerzialisiert worden ist im Rahmen von Märkten und Partikulargruppen mit Profitinteresse?

Pells nennt in diesem Bezugsrahmen auch den Begriff der „National Culture", die von Nationalisten, Fundamentalisten, Christlich- Konservativen und Befürwortern einer ethnischen homogenen Gemeinschaft immer wieder beschwört und gefordert wird (Pells 1997: 330).

4. Soziale und ökologische Folgen der US-Amerikanisierung

Über die sozialen und ökologischen Folgen der US-Amerikanisierung könnte man ganze Hausarbeiten schreiben, dieser Aspekt soll in diesem Forschungspapier nur kurz beleuchtet werden. Bei meiner Recherche ging es Richard Pells eher um die kulturellen Herausforderungen der Amerikanisierung, bei Markus Wohlschläger um den Kulturbegriff bei Adorno und Horkheimer. Die Kritik der kritischen Schule lässt erahnen, welche negativen Konsequenzen eine US-Amerikanisierung mit sich bringen kann. Die Übertragung von Massenkultur wurde schon in der Dialektik der Aufklärung rezipiert.

„Amüsement ist die Verlängerung der Arbeit unter spätkapitalistischen Verhältnissen" (DdA, 145), und die Prozesse der US-Amerikanisierung bieten eine Unterhaltungsindustrie, die zur Zerstreuung bzw. Resignation bei den Konsumenten führt sowie zur Einhegung in den kapitalistischen Produktionsprozess. Die Gesellschaftskritik von Horkheimer und Adorno lässt sich auch auf die kulturellen Prozesse der US-Amerikanisierung übertragen. Das Individuum wird seiner Individualität beraubt und Adorno und Horkheimer verwenden den Begriff, dass das Individuum „Illusionär" wird. (DdA, 163) Man kann sehr wohl etwas lapidar behaupten, dass die US-Amerikanisierung zu einer intellektuellen niederwertigeren Leistung führt, denn sie basiert auf dem schnellen Befriedigen von Konsuminteressen und Trieben. Ebenso fördert Sie Entpolitisierung und Einverständnis mit herrschenden Normen und Verhaltensmustern (Vgl. Behrens 2004: 33) Als Beispiel sind Pornografie oder Fast Food zu nennen aber auch FOX TV in der Medienlandschaft. Es geht nicht um Sinnhaftigkeit oder Genuss, sondern schnellen Profit, Quote und „Regeneration im Eiltempo". Auf ökologisches Gleichgewicht wird qua der angestrebten Massenmotorisierung auch keinen Wert gelegt, Klimawandel und Umweltverschmutzung sind wertebasierte Gegenpole der US-Amerikanisierung, die in sich typisch unamerikanisch sind (Vgl. Radkau 2011: 617). Die These der McDonaldisierung der Gesellschaft nach George Ritzer birgt ebenfalls eine ökologische Herausforderung, denn die Pommes der Fast-Food Restaurants werden durch den Einsatz von Chemikalien produziert und für das Verpackungsmaterial ganze Wälder gerodet (vgl. Ritzer 2005: 228).

Fazit

Eine US-Amerikanisierung ist für jede Nation eine Herausforderung. Sie führt oftmals zu einem negativ besetzten Unbehagen und Ängsten vor einem Souveränitäts- und Traditionsverlust. Dies konnte an verschiedenen Beispielen gezeigt werden. Weitergehend ließe sich untersuchen, inwiefern US-Amerikanisierungsprozesse zu einem stärkeren Minderheitendruck bei traditionell und auch antiamerikanisch eingestellten Menschen führt, und zu welchen Zeitpunkten eine Art „kulturelle Sättigung" eintritt, d.h. ab wann die Amerikanisierung einer Gesellschaft erschöpft ist. Denn die US-Amerikanisierung ist aus ihrer Grundstruktur heraus schon eine gemischte Kultur mit verschiedensten Anteilen und wird „on top" in Modifikation zu ihrer Grundnatur an die amerikanisierte Kultur auch noch angepasst. Besondere Herausforderungen zeigen sich für die Individualität des Einzelnen. Die Wahrnehmung von US-Amerikanisierung ist oftmals negativ besetzt und die Gefährdung der nationalen Identität Gegenstand von politisch motivierten Taten (Vgl. Reichspfarrer 2004).

6. Literaturverzeichnis

- **Behrens, Roger (2004)**: Kulturindustrie. Transcript-Verlag: Bielefeld. (Bibliothek dialektischer Grundbegriffe, Band 15)

- **Horkheimer, Max; Adorno, Theodor W. (1944/2003)**: Kulturindustrie. Aufklärung als Massenbetrug. In: dies.: Dialektik der Aufklärung. Philosophische Fragmente. Fischer-Taschenbuch-Verlag: Frankfurt am Main. S. 128-176. [Zitiert als DdA]

- **Linke, Angelika (2006)**: Sprachliche Amerikanisierung und Popular Culture: Zur kulturellen Deutung fremder Zeichen In: Tanner, Jacob (Hrsg.): Attraktion und Abwehr: Die Amerikanisierung der Alltagskultur in Europa, Köln, Weimar, Wien, S. 37-51

- **Nye**, Joseph: Globalization and American Power: The Globalist: 11.04.2002

- **Pells, Richard (1997)**: Not Like US- How Europeans have Loved, Hated and transformed American Culture Since World War II, Basic Books

- **Rausch, Helke (2008)**: Wie europäisch ist die kulturelle Amerikanisierung? Zeitschriftenartikel In: Sozialwissenschaftlicher Fachinformationsdienst soFid, Kultursoziologie und Kunstsoziologie, S. 9-15 online unter: www. Nbn-resolving.de/urn:nbn:de0168-ssoar-204076, letzter Zugriff: 10.06.2016

- **Radkau, Joachim (2011)**: Die Ära der Ökologie: Eine Weltgeschichte, BECK Verlag

- **Reichspfarrer, Angelika (2004/2005)**: Argumente gegen eine amerikanisch geprägte globale Weltkultur, Arbeitsbericht im FoSe Amerikanisierung: Vorbild oder Feindbild? Prof. Dr. Eva Kreisky, online unter: http://evakreisky.at/2004-2005/fse/Arbeitsbericht-Gruppe4.pdf , letzter Zugriff: 12.06.2016

- **Ritzer, George (2005):** Die Angst vor McWorld? Die These von der Mcdonaldisierung aus heutiger Sicht In: Strasser/Nollmann (2005): Endstation Amerikas? Sozialwissenschaftliche Innen- und Außenansichten, VS Verlag für Sozialwissenschaften: Wiesbaden

- **Schildt, Axel (2002):** Sind die Westdeutschen amerikanisiert worden? Zur zeitgeschichtlichen Erforschung kulturellen Transfers und seiner gesellschaftlichen Folgen nach dem Zweiten Weltkrieg. Erschienen in: APuZ in DAS PARLAMENT, online unter: www.bpb.de/apuz/25289/sind-die-westdeutschen-amerikanisiert-worden, letzter Zugriff: 11.06.2016

- **Schmidt/Wulschner (2003):** Amerikanisierung in Deutschland, Studienarbeit, GRIN Verlag

- **Wohlschläger, Markus: (2004/2005):** Amerikanisierung der Medien- und Kulturindustrie: Zum Ursprung des Kulturindustriebegriffs bei Adorno und Horkheimer, Arbeitsbericht im FoSe Amerikanisierung: Vorbild oder Feindbild? Prof. Dr. Eva Kreisky: online unter: http://evakreisky.at/2004-2005/fse/Arbeitsbericht-Gruppe4.pdf , letzter Zugriff: 12.06.2016

BEI GRIN MACHT SICH IHR WISSEN BEZAHLT

- Wir veröffentlichen Ihre Hausarbeit, Bachelor- und Masterarbeit

- Ihr eigenes eBook und Buch - weltweit in allen wichtigen Shops

- Verdienen Sie an jedem Verkauf

Jetzt bei www.GRIN.com hochladen und kostenlos publizieren